AF465443

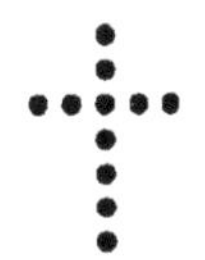

Cœci vident.

BRAILLE-USUEL

POUR

la Correspondance entre les Aveugles

et les Clairvoyants

DANS

TOUTES LES LANGUES DE L'EUROPE

PAR

M. le Chanoine NOUËT

Rue Saint-Vincent, 25

LE MANS

—

1919

AUX AVEUGLES

DE

LA VILLE DU MANS

Cœci vident.

BRAILLE-USUEL

L'aveugle n'est plus un isolé... un emmuré ! ... Grâce aux écritures pointillées de Braille, Ballu, Clé, Cantonnet et Roya, il peut désormais correspondre non seulement avec les aveugles mais avec les voyants.

Cependant, si parfaites que soient ces écritures, nous croyons qu'on peut encore les améliorer en les simplifiant. C'est ce que nous allons faire.

Nous allons prendre ce qu'il y a de meilleur dans ces cinq systèmes pour en bâtir un nouveau, le nôtre.

Ensuite, nous ferons l'application de notre procédé à toutes les langues nationales de l'Europe.

CHAPITRE PREMIER.

Anaglyptographie du Braille-usuel

Tout d'abord, posons quelques principes.

Quelles sont les conditions que doit réaliser une écriture pour permettre aux aveugles de correspondre par écrit avec les clairvoyants ?

Il y en a trois.

1° Cette écriture doit être en caractères vulgaires, en relief et en points.

2° Cette écriture doit être lisible pour le doigt de l'aveugle et pour l'œil du voyant.

3° Cette écriture doit pouvoir s'écrire avec l'outillage actuel de l'aveugle.

Eh bien ! l'écriture que nous proposons réalise ces trois conditions.

I.

Notre écriture est en caractères usuels, en relief et en points.

Le Braille-usuel a deux signes générateurs : l'un composé de six points, l'autre de neuf.

Le premier sert à écrire les caractères empruntés au système Braille. Le second permet d'écrire les caractères plus développés empruntés aux systèmes Ballu, Clé, Cantonnet et Roya.

Les points de chaque signe sont numérotés et immuables. On les nomme, en commençant par la gauche et par le haut, les points :

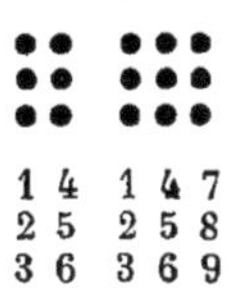

Voici les quatre alphabets au moyen desquels on peut écrire toutes les langues de l'Europe.

I

ALPHABET ROMAIN

(en caractères usuels)

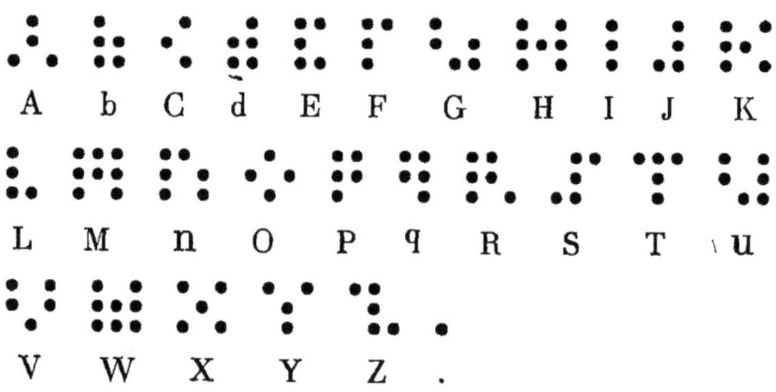

Ponctuation

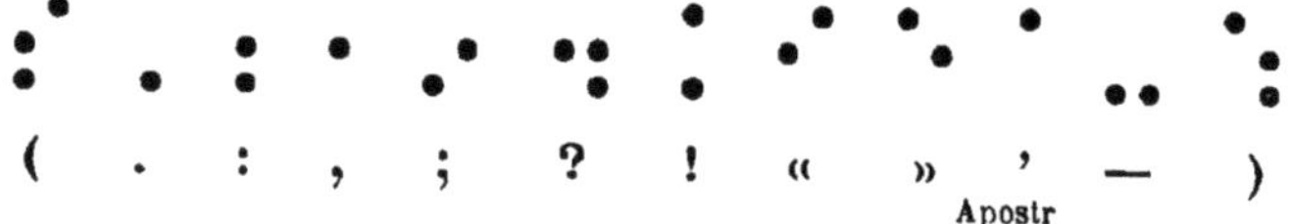

Chiffres et signes mathématiques

Numérique 1 2 3 4 5 6 7 8 9 0

fr. %

: ::

+ − × / = < > √ Numérique

II

ALPHABET GREC

(en caractères usuels)

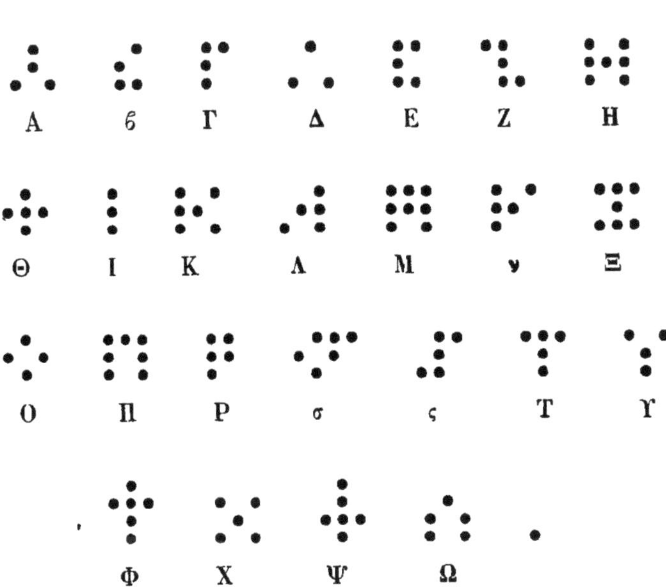

Ponctuation

III

ALPHABET SLAVE

(en caractères usuels)

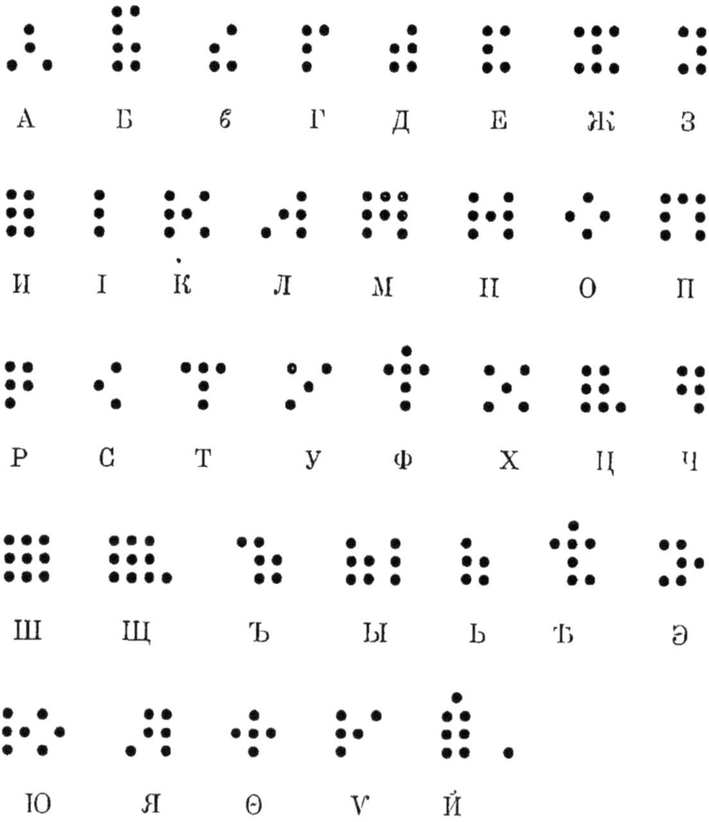

А Б в Г Д Е Ж З

И І К Л М Н О П

Р С Т У Ф Х Ц Ч

Ш Щ Ъ Ы Ь Ѣ Э

Ю Я Θ V Й

IV

ALPHABET HÉBREU

(en caractères usuels)

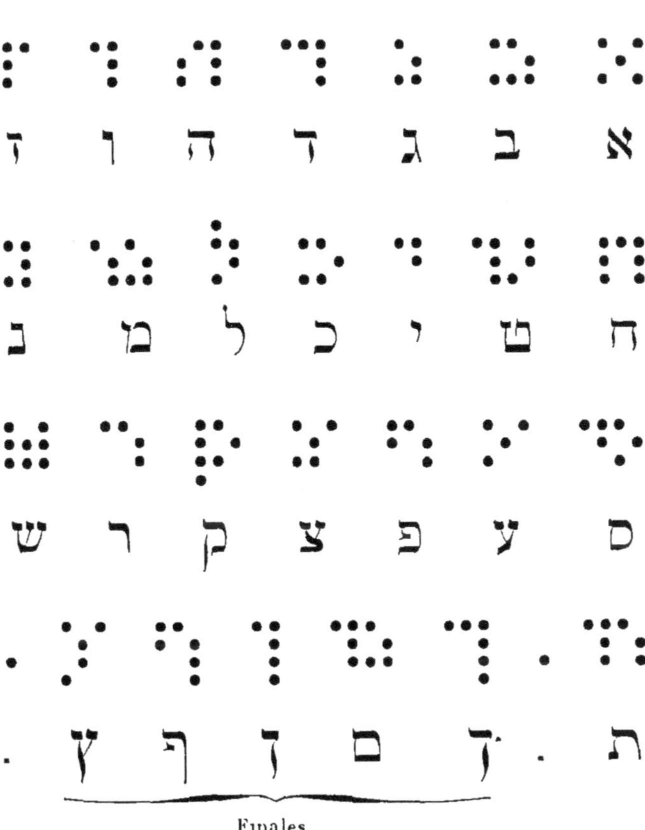

Finales.

Mais direz-vous : « Votre écriture... c'est du Braille !... » Oui, presque du Braille, et c'est là sa meilleure recommandation.

Comme le Braille, elle est en relief et en points, et, de plus, elle figure assez bien toutes les lettres de l'écriture vulgaire. C'est pour cela que nous l'appelons « BRAILLE-USUEL » c'est-à-dire BRAILLE en CARACTÈRES USUELS.

*
* *

Sans aucun doute, Ballu et Cantonnet ont entrevu les caractères Braille qui peuvent figurer les lettres vulgaires ; mais, esclaves de leurs systèmes, ils ont fait du remplissage, le premier en hauteur, le second en largeur.

Voyez Ballu............. b L P q

Voyez Cantonnet........ b L P q

Enlevons ces remplissages, il nous reste les caractères Braille :

qui représentent aussi bien, sinon mieux, les lettres vulgaires : b, L, P, q.

Notre système complet renferme 33 caractères Braille. Les autres signes que nous employons appartiennent en propre, ou en commun, à Ballu, à Clé, à Cantonnet et à Roya... et même, pour plusieurs signes, aux jeux de dé et de domino.

Pour ne pas trop multiplier les signes, aucun caractère n'est accentué, à moins que la chose ne soit absolument indispensable.

Il n'y a pas de majuscules.

*
* *

Notre ponctuation est très simple; nos signes mathématiques encore plus.

Nos chiffres, sans être merveilleux, sont suffisamment lisibles et plus commodes surtout que les chiffres à points comptés du Docteur Cantonnet.

En voici la preuve. Ecrivons, comme exemple, le nombre 999, précédé du Numérique qui indique que les signes qui suivent sont des chiffres.

Braille-usuel: ⠒ ⠯ ⠯ ⠯ ⠒ = 16 points.
9 9 9

Cantonnet : = 33points.
9 9 9

Qui donc consentira à piquer 33 points au lieu de 16 ? Nous avons ajouté aux chiffres le signe :

fr. et le signe %

qui sont absolument indispensables pour la correspondance commerciale.

II

Notre écriture est lisible pour le doigt de l'aveugle et pour l'œil du voyant.

C'est un fait d'expérience, l'aveugle sent beaucoup mieux le pointillé que le trait continu, et moins il y a de points pour former un caractère, plus le caractère est lisible. C'est le cas de l'écriture Braille qui n'a jamais plus de 6 points. C'est aussi le cas de notre écriture dont plus de la moitié des signes tiennent dans le même rectangle et ne peuvent avoir plus de 6 points.

L'aveugle qui sait le Braille est donc en pays de connaissance. Quant au voyant, il est encore plus à l'aise, car la plupart des caractères sont d'une telle lisibilité qu'on peut dire « qu'ils sautent aux yeux ».

III

Notre écriture s'écrit avec l'outillage actuel de l'aveugle.

En effet, elle peut s'écrire avec toutes les tablettes, et réglettes connues — et pour ne citer que les principales — avec la tablette et la réglette du Braille Français (1) ; avec la tablette et la réglette du Braille Belge, du frère Isidore Clé (2) ; avec la tablette de

---

Ces tablettes et réglettes se trouvent aux adresses suivantes :

(1) Association Valentin Haüy, 9, rue Duroc, Paris.

(2) Institut royal des aveugles, Woluwe-Bruxelles (Belgique).

poche de l'Institution nationale de Paris (1); avec les réglettes Ballu, fin lignage et lignage normal (2); avec la réglette Cantonnet (3); avec nos deux réglettes nouvelles qui se mettent sur la tablette Braille (4); et enfin, avec toutes les machines Braille.

Pour les mettre et état d'écrire notre système, il suffit de les doter d'une crémaillière plus fine. Nous l'avons fait pour notre machine Hall, et maintenant elle écrit, à volonté, le Braille conventionnel et le Braille-usuel.

Le changement de crémaillère ne demande que deux minutes, le temps d'enlever et de remettre deux vis.

Cependant, comme tous les aveugles ne peuvent pas avoir des machines à transformation rapide, nous leur conseillons la réglette Ballu à fin lignage, parce que c'est cette réglette qui donne l'écriture la plus belle et la plus lisible pour les yeux du voyant.

Voici une photographie de cette réglette.

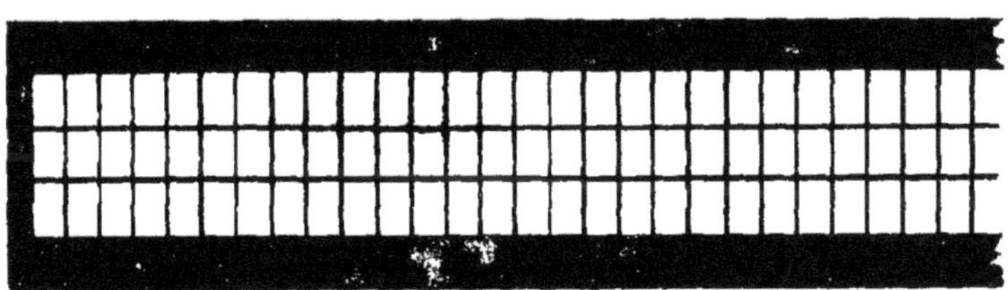

Réglette Ballu à fin lignage.

Le voyant, qui n'a pas d'outillage à lui, devra se procurer la réglette Braille ou notre réglette n° 1. Elles donnent une écriture plus grosse, plus espacée et par là même plus tangible pour l'aveugle.

(1) Institution nationale des Jeunes Aveugles, 56, boulevard des Invalides, Paris.

(2) Association Valentin Haüy, 9, rue Duroc, Paris.

(3) Etablissements Foucher, 62, boulevard Jourdan, Paris.

(4) Ces deux réglettes ne sont pas encore dans le commerce.

Voici les photographies de ces deux réglettes.

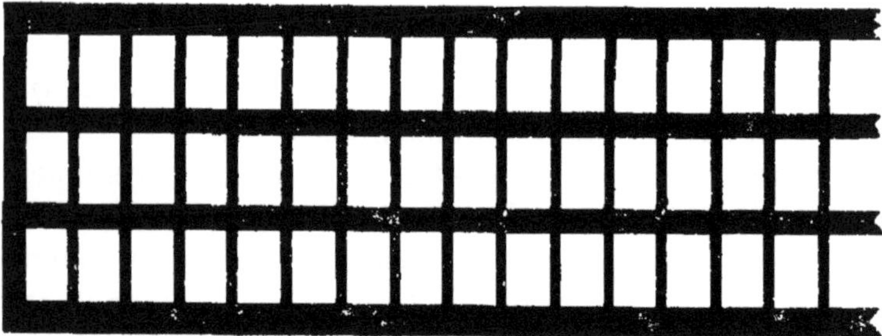

Reglette Braille

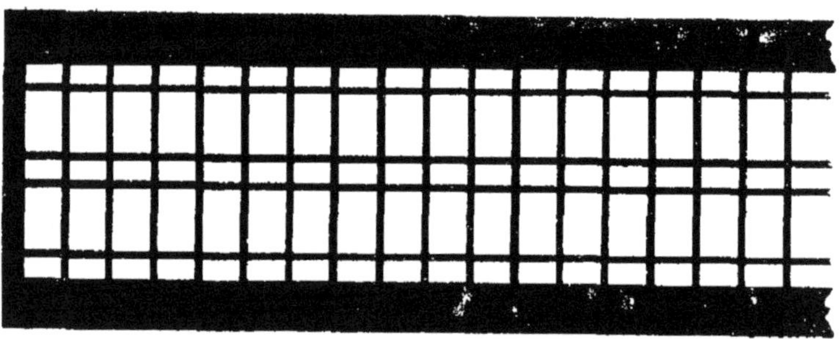

Réglette Braille-usuel, n° 1

Notre réglette n° 2 sert à écrire les trois alphabets grec, slave et hébreu.

Voici la photographie de cette réglette.

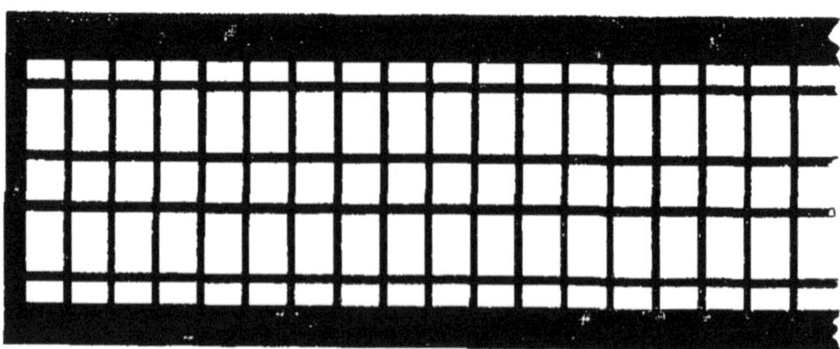

Réglette Braille-usuel, n° 2.

On peut écrire aussi ces trois alphabets avec la réglette Ballu fin lignage.

Avec toutes les réglettes, il faut laisser un demi-rectangle entre les lettres et trois ou quatre demi-rectangles entre les mots.

DIFFÉRENTES MANIÈRES D'ÉCRIRE LE BRAILLE-USUEL.

On peut écrire nos alphabets de trois manières.

1° De gauche à droite. C'est la manière préconisée par M. le Docteur Cantonnet; mais alors la lecture devient très difficile pour l'aveugle et pour le voyant.

L'aveugle doit lire à reculons, le papier posé sous sa tablette ou sur sa poitrine.

Le voyant doit lire en regardant directement les creux faits par le poinçon, ou en regardant les saillies du papier dans une glace qui remet les caractères inversés dans une position normale. C'est bien compliqué !...

2° On peut écrire de gauche à droite, en commençant par le bas de la page, comme certains aveugles écrivent le Braille, mais alors il faut écrire les lettres la tête en bas. Dans ce système, la lecture devient normale pour l'aveugle et pour le voyant.

3° On peut écrire de gauche à droite avec la réglette Billaud. Son poinçon creux donne une écriture en relief sur la face supérieure du papier.

4° Il est mieux d'écrire de droite à gauche, comme pour le Braille conventionnel. De cette façon, l'aveugle n'aura point à changer sa manière d'écrire et de lire. Quant au voyant, il s'y mettra facilement, car la moitié des signes de notre système s'écrivent de la même manière dans les deux sens.

Comme nous l'avons déjà dit, les points de chaque lettre sont numérotés et immuables.

Pour faire un I, il faut les points :	1 2 3	• • •
Pour faire un P, il faut les points :	1 4 2 5 3	• • • • •
Pour faire un M, il faut les points :	1 4 7 2 5 8 3 9	• • • • • • • •

Rien de plus simple et de plus facile à retenir.

DIFFÉRENTES MANIÈRES D'IMPRIMER LE BRAILLE-USUEL

On peut imprimer le Braille-usuel, comme le Braille conventionnel, de trois manières.

1° On écrit d'abord le texte à imprimer, à l'aide d'un poinçon ou avec une machine *ad hoc*, sur des plaques de zinc qui forment des clichés en relief, puis on les tire sur papier fort et légèrement mouillé, avec une presse à bras.

On peut aussi mettre ces différents clichés sur des cylindres et les tirer à la *presse rotative* comme les impressions en noir.

2° On peut imprimer le Braille-usuel avec des caractères mobiles.

3° Enfin, on peut imprimer le Braille-usuel avec les composteurs à pointes mobiles et avec la machine à polycopier de M. Pierre Villey.

CHAPITRE II

APPLICATION DE NOTRE SYSTÈME A TOUTES LES LANGUES NATIONALES DE L'EUROPE

PREMIER ALPHABET

(Caractères romains)

LATIN ET LANGUES NÉOLATINES

Latin

Le latin se sert des 26 lettres de l'alphabet. Il a en plus deux lettres doubles : Æ et Œ ; mais Æ et Œ ont divorcé de nos jours et s'écrivent presque toujours séparément :

Cependant, on peut les écrire unies en se servant des deux caractères suivants :

Français

Le français se sert des 26 lettres de l'alphabet et de deux lettres doubles : Æ et Œ qu'on doit écrire séparément pour ne pas multiplier les signes. Cependant, si l'on y tenait, on pourrait les écrire comme en latin :

Æ. Œ.

Voici un modèle d'écriture pour le français.

LA MARSEILLAISE

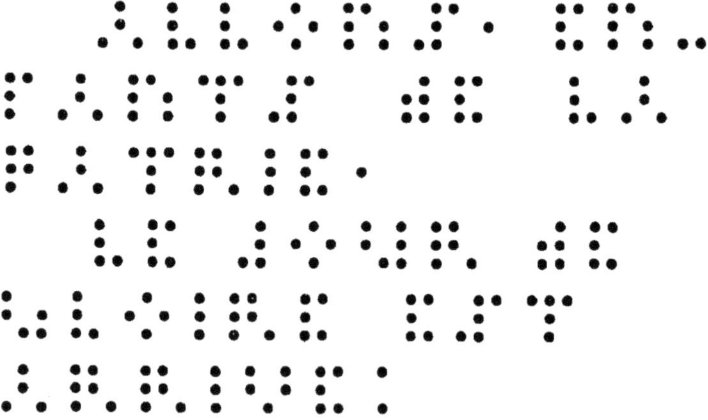

Lecture du texte ci-dessus

Allons, enfants de la patrie,
Le jour de gloire est arrivé!...

Italien

L'italien ne se sert que de 22 lettres de l'alphabet. Les lettres : K, W, X et Y lui manquent. L'apostrophe qui est très fréquente dans cette langue s'écrit comme en français.

Espagnol

L'espagnol a toutes les lettres de l'alphabet moins le W. La lettre Ñ, avec le tilde, reçoit le point 7 et s'écrit au lieu de Il est inutile de mettre les points d'interrogation et d'exclamation avant la phrase ; les mettre après suffit.

Portugais

Le portugais s'écrit comme l'espagnol. Cependant, il ne se sert pas du tilde sur la lettre N. Il le remplace par un H : nh.

Roumain

Le roumain ne se sert que de 21 lettres de l'alphabet. Les 5 lettres : K, Q, W, X et Y lui manquent. Les 3 lettres D, S, T, avec la cédille, qui représente un S, se dédoublent et s'écrivent séparément : Ds, Ss, Ts.

LANGUES GERMANIQUES

Allemand

L'allemand, qui se débarrasse peu à peu des caractères gothiques, se sert des 26 lettres de l'alphabet. Les voyelles adoucies : à, o, u doivent s'écrire par les signes :

Anglais

L'anglais a les 26 lettres de l'alphabet. Toutes ces lettres s'écrivent comme en français. L'apostrophe qui est très fréquente en cette langue, même au commencement d'un mot, s'écrit comme en français.

Flamand

Le flamand a toutes les lettres de l'alphabet moins le Q qui est remplacé par le K.

Hollandais

Le hollandais s'écrit comme le flamand.

LANGUES SCANDINAVES

Danois

Le danois a toutes les lettres de l'alphabet moins le W. En plus, il a deux lettres doubles : Æ et O barré. Ces deux lettres peuvent s'écrire :

Æ par ⠹ et O barré par ⠺

Norvégien

Le norvégien s'écrit comme le danois ; c'est la même langue.

Suédois

Le suédois a toutes les lettres de l'alphabet moins le W. Il a aussi trois voyelles accentuées : å, a, o qu'on peut négliger ou écrire ainsi :

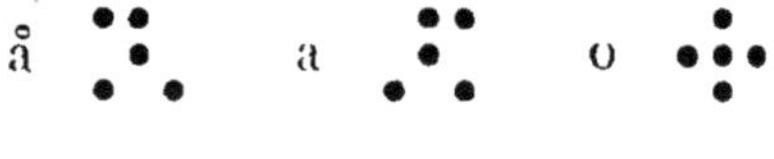

LANGUE SLAVE

(à caractères romains)

Polonais

Le polonais a toutes les lettres de l'alphabet moins le Q et le V simple. Il a en plus un L barré qui peut s'écrire ainsi :

LANGUE TOURANIENNE

(à caractères romains)

Hongrois

Le hongrois n'a que 23 lettres de l'alphabet romain. Les lettres : Q, W, X lui manquent. Cette langue a beaucoup de lettres accentuées qui ne sont pas indispensables pour l'écriture et la lecture.

Espéranto

L'espéranto est une langue internationale auxiliaire. Il a été créé par le Docteur Zamenhof, pour converser et correspondre par écrit avec les nationaux de n'importe quelle partie du monde. On a déjà traduit beaucoup d'ouvrages en espéranto, et depuis peu, on les imprime en Braille pour les aveugles.

L'espéranto ne se sert que de 22 lettres de notre alphabet. Les lettres : Q, W, X, Y lui manquent. Par contre, il a 6 lettres accentuées qui peuvent s'écrire de cette manière :

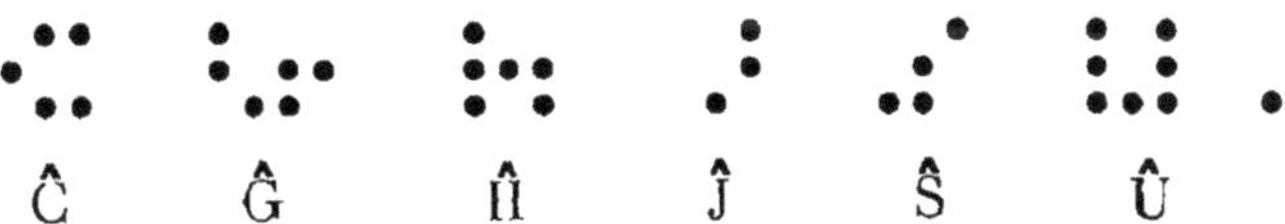

Ĉ Ĝ Ĥ Ĵ Ŝ Ŭ

Cette langue est facile.

DEUXIÈME ALPHABET

(Caractères grecs)

GREC ANCIEN & GREC MODERNE

Le grec ancien et le grec moderne s'écrivent avec notre deuxième alphabet. Pour le grec moderne on peut négliger tous les accents, excepté l'apostrophe d'élision, et se servir, pour la ponctuation, des signes qui suivent l'alphabet grec, ou de ceux qui suivent l'alphabet romain (page 6).

MODÈLE D'ÉCRITURE GRECQUE

(Grec moderne)

MAGNIFICAT

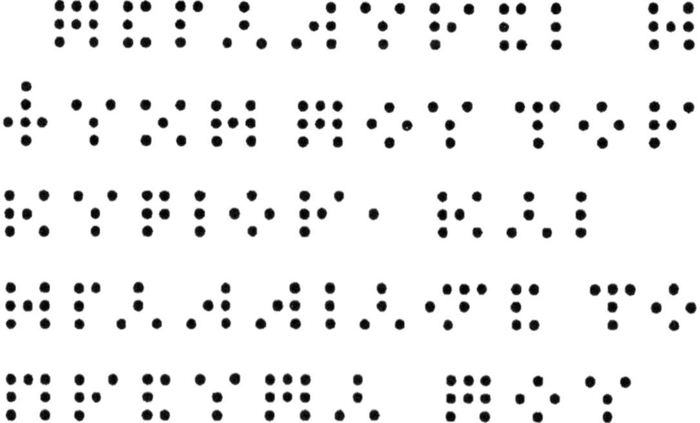

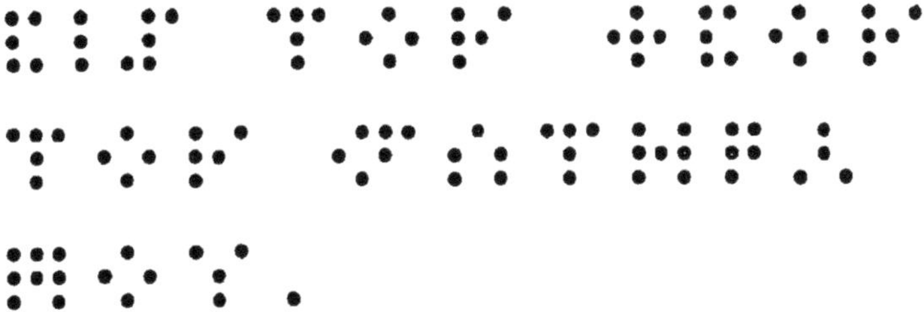

LECTURE DU TEXTE CI-DESSUS

Μεγαλυνει η ψυχη μου τον Κυριον, και ηγαλλιασε το πνευμα μου εις τον Θεον τον σωτηρα μου.

TRADUCTION

Mon âme glorifie le Seigneur,
Et mon esprit tressaille en Dieu mon Sauveur.

(S. Luc, I, 46)

TROISIÈME ALPHABET

(Caractères slaves ou cyrilliens)

Russe

Le russe se sert des 36 lettres de notre troisième alphabet. Cependant, le Fita et l'Ijitsa ne sont plus guère usités. On ne trouve le Fita que dans quelques mots grecs, et l'Ijitsa que dans les deux mots : Synode et Saint-Chrême. Le russe, le serbe et le bulgare se servent de la ponctuation française.

Serbe

Le serbe s'écrit comme le russe, mais il ne se sert que de 24 lettres de l'alphabet cyrillien. Les lettres :

I, Щ, Ъ, Ы, Ь, Ѣ, Э, Ю, Я, Ѳ, Ѵ, Й

lui manquent. Par contre, il a 6 lettres qui lui sont propres et qui peuvent s'écrire ainsi :

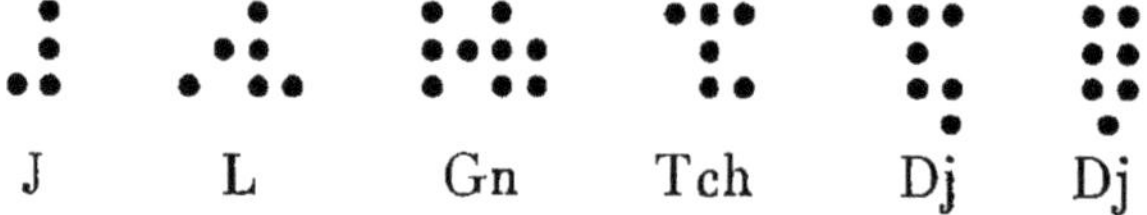

Monténégrin

Le Monténégrin s'écrit comme le serbe.

Bulgare

Le bulgare s'écrit comme le russe avec notre troisième alphabet. Le bulgare n'a que 31 lettres sur 36. Les lettres : I, Ы, Э, Ѳ, Ѵ, lui manquent, mais il a 2 lettres qui lui sont propres et qui peuvent s'écrire par les deux signes suivants :

MODÈLE D'ÉCRITURE RUSSE

BENEDICTUS

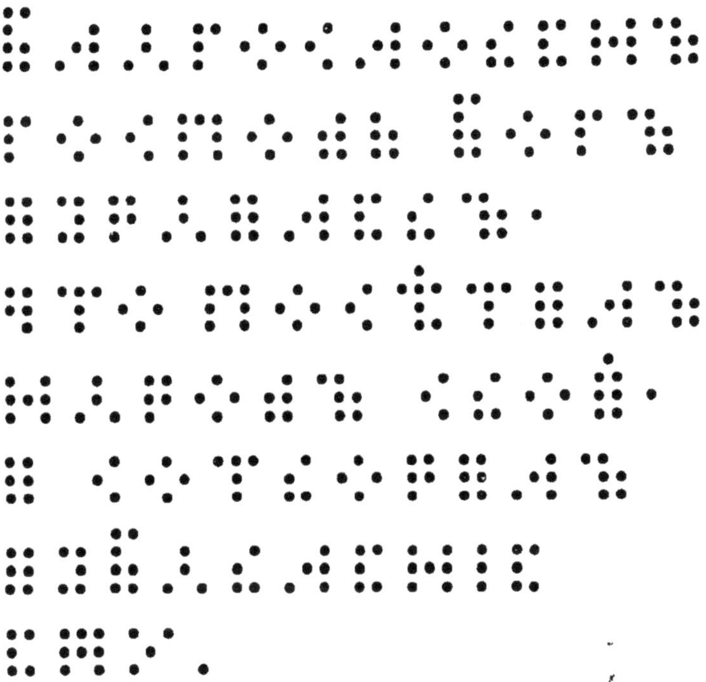

LECTURE DU TEXTE CI-DESSUS

Благословенъ Господь Богъ Израилевъ, что посѣтилъ народъ Свой, и сотворилъ избавленіе ему.

TRADUCTION

Béni soit le Seigneur, Dieu d'Israël,
Parce qu'il a visité et sauvé son peuple.

(S. Luc. I. 68.)

QUATRIÈME ALPHABET

(Caractères hébreux)

HÉBREU BIBLIQUE
&
HÉBREU MODERNE

L'hébreu biblique et l'hébreu moderne ou Rabbinique s'écrivent de la même manière avec notre alphabet n° 4.

L'hébreu n'a pas de voyelles ou du moins elles ne sont pas indispensables. Tous les journaux hébreux sont imprimés sans voyelles. L'hébreu n'a que 22 consonnes dont 5 prennent une nouvelle forme à la fin des mots.

Dans notre système, l'hébreu doit s'écrire de gauche à droite pour être lu en relief de droite à gauche. Sa ponctuation moderne est la même qu'en français.

MODÈLE D'ÉCRITURE HÉBRAÏQUE

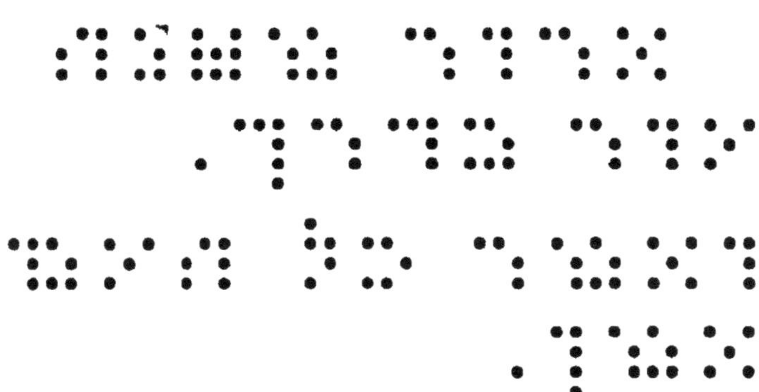

LECTURE DU TEXTE CI-DESSUS

ארור משגה עור בדרך

ואמר כל העם אמן.

TRADUCTION

Maudit soit celui qui égare l'aveugle dans son chemin!
Et tout le peuple dira : Amen !

(Deuteronome. XXVII, 18)

CHAPITRE III.

Abréviations pour le Français

Comme notre écriture tient beaucoup de place, on pourra faire quelques économies de papier en se servant des abréviations suivantes. Elles sont très faciles à retenir.

= Aveugle. = Association Valentin Haüy.

= Bien. = Braille.

= Braille-Usuel.

= Ce. = Ces.

= De. = Des. = Dieu.

= Et. = Est.

= Faire. = France.

= Franc.

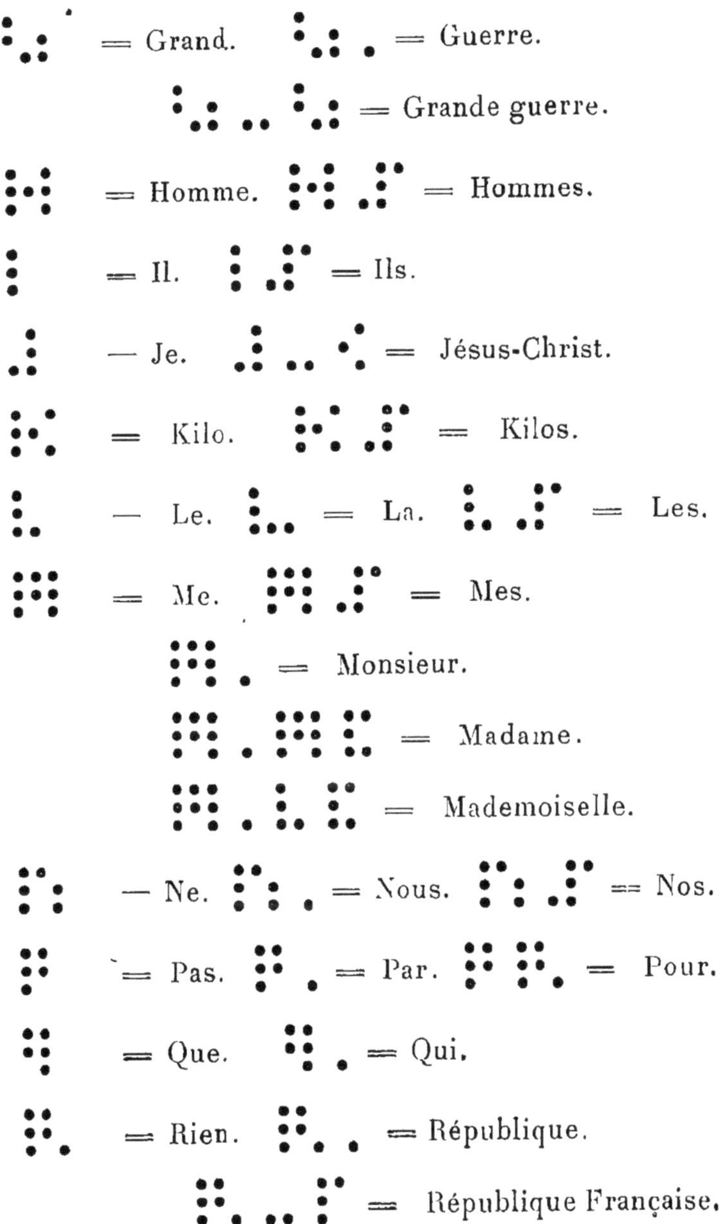
= Grand.
= Guerre.
= Grande guerre.
= Homme.
= Hommes.
= Il.
= Ils.
— Je.
= Jésus-Christ.
= Kilo.
= Kilos.
— Le.
= La.
= Les.
= Me.
= Mes.
= Monsieur.
= Madame.
= Mademoiselle.
— Ne.
= Nous.
== Nos.
= Pas.
= Par.
= Pour.
= Que.
= Qui.
= Rien.
= République.
= République Française.

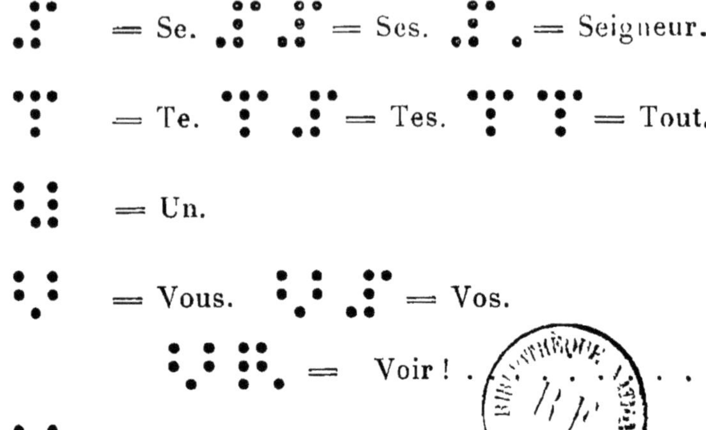
= Se.
= Ses.
= Seigneur.
= Te.
= Tes.
= Tout.
= Un.
= Vous.
= Vos.
= Voir ! . . . .
= Yeux ! . . . .

MODÈLE D'ÉCRITURE ABRÉGÉE

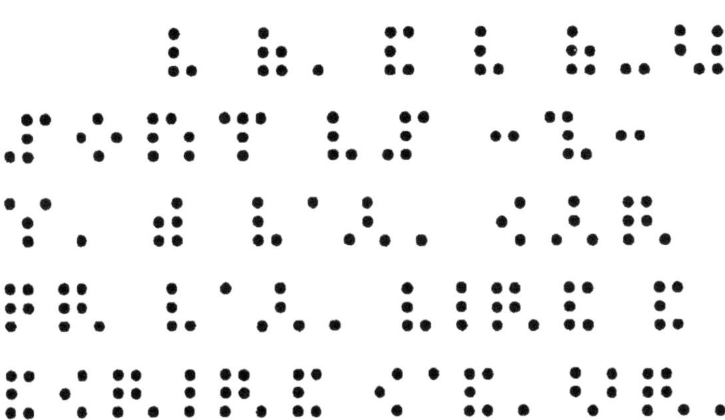

LECTURE

Le Braille et le Braille usuel sont les deux yeux de l'Aveugle, car pour l'Aveugle, lire et écrire c'est voir.

MUSIQUE
&
Plain-Chant Grégorien

En associant à notre système d'écriture les signes de la musique Braille, on peut écrire les paroles avec la musique, ou le plain-chant grégorien, dans la même ligne. De cette façon, l'aveugle peut lire en même temps et d'un seul doigt le chant et les paroles.

Voir notre Opuscule intitulé : *l'Aveugle chantre.*

CONCLUSION

Et maintenant, que doit faire l'aveugle ? Doit-il abandonner le Braille conventionnel pour le Braille-usuel ? Non, mille fois non ! Ce serait perdre un de ses yeux, et le meilleur !...

Le vrai Braille est indispensable, le Braille-usuel n'est qu'accessoire. Il ne doit servir qu'à la correspondance.

Chaque peuple prendra donc dans nos quatre alphabets celui qui convient à sa langue, et il pourra s'en servir pour ses aveugles, surtout pour ses aveugles de guerre. Car, avant tout, c'est pour nos héroïques soldats que nous avons travaillé.

Notre qualité d'ancien aumônier militaire de 1870 nous en faisait presque un devoir.

Nous l'avons rempli.

Puisse le **Braille-usuel** rendre quelques services à ceux pour qui *palper, c'est voir !...*

Palpate et Videte.

www.ingramcontent.com/pod-product-compliance
Ingram Content Group UK Ltd.
Pitfield, Milton Keynes, MK11 3LW, UK
UKHW012122240726
13965UKWH00005B/1907

9 782013 039765